AF296248

THÈSE

DE

LICENCE.

FACULTÉ DE DROIT DE TOULOUSE.

ACTE PUBLIC

POUR

LA LICENCE

En exécution de l'Article 4, Titre 2, de la Loi du 22 Ventôse an XII.

SOUTENU

Par M. TALON (Baptiste-Léon),

Né à Saint-Geniez (Aveyron).

TOULOUSE,

Typographie Troyes **OUVRIERS REUNIS**,
Rue Saint-Pantaléon, 5.

1859.

A MON PÈRE, A MA MÈRE.

Jus Romanum.

De condemnatione in id quod facere potest debitor.

Certis debitoribus in solutionem condemnatis, exceptio favet. Judex istam tribuit exceptionem vel debitoris, vel rei debitæ, qualitatis gratia. Id est quùm bona debitoris privilegiati, non totum debitum implere possunt condemnari, in id quod facere potest, quatenus facultates ejus patiuntur. Instit.

Just. Lib. 4, tit 6, § 37. « Si de dote judicio mulier agat,
» placet, hactenus maritum condemnari debere, quatenus facere possit :
» id est quatenus facultates ejus, patiuntur. Itaque, si dotis quan-
» titati concurrant facultates ejus, in solidum damnatur, si minus, in
» tantum quantum facere potest, ₂ 38.

» Sed et si quis cum parente suo patronove agat, item si so-
» cius cum socio judicio societatis agat, non plus actor consequitur,
» quam adversarius ejus facere potest. Idem et si quis ex dona-
» tione sua convenitur. »

Et etiam in condemnatione personarum quæ in id quod facere possunt
damnantur, non totum quod habent extorquendum est, sed et ipsarum
ratio habenda est, ne egeant.

Attamen si debitam pecuniam in solidum solvit, non contra creditorem repetere potest debitor quod amplius dedit. Non enim est hic condic-
tionis indebiti, locus.

Quum debitor isto utebatur privilegio, sæpe, solvendi in solidum promittebat, si ad feliciorem sortem reverteret. Et etiam
dicimus : si nova bona debitori advenerunt, post solutionem in id
quod facere potuit, creditorem illi repetere posse, quod plenæ liberationi
caruit, et exceptionem rei judicatæ, replicatione in factum repellere.

Solus donator aliquid sufficiens deducto ære alieno retinere potest.
Sed et si cum parente, patronove aut socio agitur, pars, ne egeat debitor præcapitur, non deducto ære alieno. Et inter eos quibus ex eadem
causa debetur, occupantis melior conditio est, nec deducitur quod ejus-
dem conditionis hominibus debetur.

Ita erga omnes, omisso donatore, privilegium inane fit. Partem
enim bonorum, non deducto ære alieno, præcaptam auferre potest,
posterior agens creditor et ad egestatem debitorem perducere.

Hæc exceptio personæ tantum est adjuncta, non hæredes aut fide-
jussores sequitur.

Paul. Lib. 41, de Re Judicata. « Nesennius Apollinaris : si
» te donaturum mihi, delegavero creditori meo, an in solidum
» conveniendus sis ? Et si es in solidum conveniendus, an diver-
» sum putes, si non creditori meo, sed ei cui donare volebam
» te delegavero ? Et quid de eo, qui pro muliere, cui donare volebat,
» marito ejus dotem promiserit? Respondit Paulus: Nulla creditor ex-

» ceptione summoveretur, licet is qui ei delegatus est, poterit uti ad-
» versùs eum, cujus nomine promisit ; cui similis est maritus, maxime
» si constante matrimonio petat, et sicut hæres donatoris in solidum
» condemnatur, et ipse fidejussor quem in donando adhibuit, ita et ei,
» cui non donavit in solidum condemnatur, »

Tryph.. L. 33, de Novationibus : « Si Titius donare mihi volens de-
» legatus à me, creditori meo stipulanti spopondit: non habebit adver-
» sùs eum illam exceptionem, ut quantum facere potest condemnetur ;
» nam adversus me, tali marito defensione utebatur, quia donatum ab
» eo petebam, creditor autem, debitum persequitur. Itaque donator qui
» donatorio persecutus, damnatur quatenus facultates patiuntur, non
» isto utitur privilegio, si delegatarius cum quo stipulans spopondit, in
» solutionem præcipitat; et non interest quæ sit delegatarii qualitas. »

Hermog., L. 33, § 3, de Donationibus : « Si quum Primus tibi donare
» vellet et tu donandi Secundo voluntatem haberes, Primus Secundo ex
» voluntate tua stipulanti, promiserit, perficitur donatio; et quia nihil Pri-
» mus Secundo a quo convenitur donavit, et quidem in solidum, non in id
» quod facere potest condemnatur. Idque custoditur, et si, delegante eo
» qui donationem erat accepturus, creditori ejus donator promiserit, et
» hoc enim casu creditor suum negotium gerit. »

Inde sequitur ut is qui marito dotem promisit, mulieri donaturum
non tantum in id quod facere potest condemnabitur, si maritus convenerit, sed in solidum. Maritus enim suum negotium gerit et non illi debitor donare volebat.

Sed contrario Ulpianus scripsit. Lib. VI, ad Sab., l. 33.

« Si extraneus sit qui dotem promisit, isque defectus sit faculta-
» tibus, imputabitur marito cur eum non convenerit, maximè si ex ne-
» cessitate non ex voluntate dotem promiserat. Nam si donavit, utcum-
» que parcendum marito qui eum non præcipitavit ad solutionem, qui
» donaverat, quemque in id quod facere posset si convenisset, condem-
» naverat. Hoc enim Divus Pius rescripsit, eos qui ex liberalitate con-
» veniuntur, in id quod facere possunt condemnandos. Sed si vel pater

» vel ipsa promiserunt, Julianus quidem libro sexto decimo Digestorum
» scribit : Etiam si pater promisit, periculum respicere ad maritum:
» quod ferendum non est. Debebit igitur mulieris esse periculum ; nec
» enim quicquam judex propriis auribus audiet mulierem dicentem, cur
» patrem qui de suo dotem promisit, non urserit ad exsolutionem, multo
» minus, cur ipsam non convenerit. Recte itaque Sabinus disposuit, ut
» diceret : quod pater vel ipsa mulier promisit viri periculo non esse ;
» quod debitor id viri esse: quod alius scilicet donaturus ejus periculo ait
» cui adquiritur. Adquiri autem mulieri accipiemus , ad quam rei com-
» modum respicit. »

Ulpianus æquitatis proximus marito parcet, qui non ad exsolutionem præcipitavit donatorem quem si convenisset in id tantum quod facultates patiebantur , condemnatus fuisset.

Non est enim maritus, mulieri, et donatori benefactori, extraneus delegatarius. Et illi permittere debemus, beneficio uti, quod contra mulierem invocare posset.

POSITIONES.

I. Non solum donator, sed patronus, uxor, et socius, aliquid sufficiens præcapere possunt, ne egeant, *deducto ære alieno.*

II. Omnes, si ad meliorem sortem reverterunt, debitores, debitam pecuniam in solidum solvere debent, quùm in id quod facere potuerunt, condemnati fuerunt.

Code Napoléon.

Hypothèques.

(Art. 2114 à 2166).

L'hypothèque est un droit réel sur les immeubles affectés à l'acquittement d'une obligation. Elle est indivisible et subsiste en entier sur tous les immeubles affectés , sur chacun et sur chaque portion de ces immeubles. Elle les suit dans quelques mains qu'ils passent. L'hypothèque est un droit réel, *jus in re*. A ce sujet s'est élevé une controverse. Est-elle oui ou non un démembrement de propriété? Au contraire des servitudes , elle n'est pas, à mon avis, un démembrement de propriété. La propriété se constitue par la réunion dans la même main des droits de jouir, de disposer , d'abuser même ; or ici aucun de ses divers droits ne se trouve changé ou détourné.

L'hypothèque est un droit réel en ce sens qu'elle suit le fonds affecté à l'acquittement de la créance , comme une chose qui lui est inhérente, sans restreindre la jouissance du propriétaire.

Elle est indivisible : ainsi je meurs laissant un immeuble grevé d'une hypothèque de cent mille francs, un héritier acquitte sa part de la dette, l'immeuble n'en reste pas moins tout entier affecté au paiement, comme si rien n'avait été payé. *Est tota in toto et tota in qualibet parte.*

L'hypothèque comprend deux droits bien distincts : droit de préférence, droit de suite.

Le premier consiste en ce que le créancier hypothécaire est colloqué en première ligne sur le prix de l'immeuble avant les créanciers chirographaires, ou les créanciers également hypothécaires dont l'inscription est postérieure à la sienne. Le droit de suite est un droit opposable aux tiers-acquéreurs de l'immeuble hypothéqué, et en vertu duquel le créancier peut atteindre son gage partout où il se trouve en contraignant celui qui le possède à lui payer tout ce qui lui est dû, s'il ne préfère délaisser l'immeuble ou en subir l'expropriation. Ce droit n'appartient qu'aux créanciers inscrits. La loi, les jugements ou les actes judiciaires, les conventions des parties, sont les trois sources qui produisent les hypothèques légales, judiciaires, conventionnelles. Le Code énumère trois hypothèques légales : 1° l'hypothèque légale de la femme mariée, sur les biens du mari ; 2° celle des mineurs et interdits sur les biens de leur tuteur ; 3° celle de l'Etat, des communes et des établissements publics, sur les biens des receveurs et administrateurs comptables. Elles prennent spécialement le nom d'hypothèques légales, parce qu'elles existent sans aucune stipulation, par la seule force de la loi. Une raison de justice a inspiré la loi, quand elle a accordé aux femmes mariées, aux mineurs et interdits, cette garantie de plein droit qui leur assure la restitution de leurs biens, laisse à la libre disposition des maris et des tuteurs.

L'hypothèque légale de l'Etat, des communes et des établissements publics s'applique seulement aux biens des comptables, de ceux qui manient les deniers publics, et garantit ainsi leur fidèle gestion.

A ces trois sortes d'hypothèques légales, il faut en ajouter deux autres omises à l'article 2121. Je veux parler de l'hypothèque légale du légataire sur les biens du défunt, et des priviléges dégénérés en hypothèques. Ces deux espèces d'hypothèques sont soumises à la nécessité de l'inscription, à l'inverse des trois premières existantes, indépendamment de toute formalité d'inscription.

Le caractère principal des hypothèques légales est de frapper sur tous les immeubles actuels du débiteur, et sur ceux qui peuvent lui appartenir dans la suite; ce principe reçoit deux modifications : l'une à l'égard de la femme du négociant failli dont l'hypothèque frappe seulement les biens possédés avant le mariage par le mari, ou qui lui adviennent depuis, soit par succession, soit par donation ; l'autre relative à la faveur que peut obtenir le débiteur de faire restreindre l'hypothèque à certains immeubles désignés spécialement. L'hypothèque ne peut s'établir que sur les biens immobiliers qui sont dans le commerce et leurs accessoires réputés immeubles : en second lieu, sur l'usufruit des mêmes biens et accessoires pendant le temps de sa durée. Les meubles ne peuvent jamais être hypothéqués.

Les hypothèques judiciaires sont celles qui résultent soit de la décision d'un tribunal sur un différend, soit de la constatation d'un fait par un tribunal, par exemple, de la reconnaissance de signature. Si le débiteur nie, il y aura jugement ; s'il reconnaît, au contraire, ce sera un acte judiciaire.

Les hypothèques résultant des conventions des parties sont comme ces conventions, en nombre infini ; seulement pour exister elles doivent être consenties, conformément aux cas et aux formes prescrites par la loi ; un acte authentique reçu par deux notaires ou un notaire et deux témoins, est nécessaire à leur validité.

Les personnes capables d'aliéner peuvent seules consentir des hypothèques conventionnelles ; c'est en effet une sorte d'aliénation, puisqu'on donne au créancier le droit de faire vendre l'immeuble à défaut de paiement. De là il suit que les mineurs, interdits et prodigues ne peuvent hypothéquer. Les administrateurs sont dans le même cas. Mais la femme mariée, capable d'aliéner ses biens personnels, peut aussi les hypothéquer du consentement de son mari. Le mineur émancipé ne peut pas aliéner, il ne peut non plus hypothéquer.

2

Il est un principe : *Nemo plus juris in alium tranferre potest , quam ipse habet.* Celui donc qui n'a sur l'immeuble qu'un droit , suspendu par une condition , ou résoluble en certain cas , ou sujet à rescision , ne peut consentir qu'une hypothèque soumise aux mêmes conditions.

L'hypothèque consentie par un donataire sur l'immeuble donné , se trouvera anéantie si la donation est révoquée. Un acquéreur d'une vente à réméré consent une hypothèque sur le bien rachetable. Le vendeur opère le réméré, l'hypothèque s'évanouit. Pour la même raison , les envoyés en possession sur les biens d'un absent peuvent hypothéquer si cet envoi en possession est définitif. Ils ne le peuvent , au contraire , si leur envoi n'est que provisoire, puisqu'ils ne sont que de simples dépositaires. Dans un cas de nécessité absolue et pour un avantage évident , le conseil de famille peut autoriser les mineurs interdits à consentir des hypothèques sur leurs biens. Remarquons bien, toutefois, que les biens des mineurs, des interdits et des absents sont susceptibles d'hypothèques légales et judiciaires , s'ils ne le sont pas d'hypothèques conventionnelles. Un mineur , en effet , peut être marié , un absent peut être marié et tuteur; ils peuvent être assignés en justice et subir des condamnations emportant l'hypothèque.

La spécialité est une des bases du système hypothécaire ; elle est réservée aux hypothèques conventionnelles. Au lieu de grever généralement tous les biens du débiteur, l'hypothèque conventionnelle, au contraire des hypothèques légales et judiciaires , doit déclarer nettement et spécialement la nature et la situation exacte de chaque immeuble actuellement possédé par le débiteur, et sur lequel elle est consentie. Tout immeuble, non désigné nominativement , se trouve libre et franc de toutes charges , le débiteur en peut disposer à son gré. La loi a voulu marquer, sans incertitude possible, les biens grevés dont la circulation est devenue difficile; comme l'hypothèque porte une sérieuse atteinte au crédit de celui qui l'a consentie, le législateur ordonne que chacun des immeubles ait une situation exacte, facile à vérifier. S'il a soumis la constitution d'hypothèque à des formes certaines, authentiques; s'il a exigé l'intervention des officiers publics , c'est pour empêcher un débiteur de consentir trop légèrement à un acte qui procure des avantages immédiats, mais dont les effets éloignés sont désastreux.

Il n'est pas permis d'hypothéquer les biens à venir ; néanmoins, si les biens présents et libres du débiteur sont insuffisants pour la sûreté de la créance, il peut, en *exprimant* cette insuffisance, consentir que chacun des biens qu'il acquerra par la suite y demeure affecté à mesure des acquisitions.

Ici vient se placer une controverse. Le premier texte est formel : on ne peut hypothéquer les biens à venir. Le second texte, art. 2130, le permet au contraire, si l'insuffisance des biens présents est non pas vérifiée, mais simplement exprimée. Or, a-t-on dit, l'insuffisance est évidemment complète, s'il n'existe pas de biens présents. Alors, plus que jamais, semble-t-il permis de conclure que la loi, voulant étendre et favoriser le crédit de ceux qui ont des espérances, sans biens présents, autorise l'hypothèque des biens à venir. On comprend difficilement, en effet, que celui qui possède pour une valeur insignifiante d'immeubles soit ainsi favorisé, tandis que celui qui ne possède rien est réduit à l'impossibilité de profiter actuellement de ce qu'il attend peut-être dans peu. Quoi qu'il en soit, dans tous les cas où une hypothèque sera consentie sur des biens à venir, chacun de ses biens devra, dès son entrée dans le patrimoine du débiteur, être frappé d'une inscription spéciale prise au bureau de sa situation.

L'art. 1188 dit que le débiteur est privé du bénéfice du terme lors seulement que c'est par son fait qu'il diminue la sûreté de sa créance. Une dérogation à ce principe est indiquée en matière d'hypothèque. Lorsque l'immeuble grevé périt ou éprouve des dégradations de telle sorte qu'il ne garantit plus le créancier que d'une manière insuffisante, celui-ci peut poursuivre dès à présent son remboursement ou obtenir un supplément d'hypothèques. Le créancier, en effet, n'a probablement contracté qu'à cause de la garantie offerte. Si donc la sûreté disparaît ou devient insuffisante, on comprend qu'il puisse réclamer un paiement immédiat. Remarquons seulement que si la perte ou la dégradation résulte du fait du débiteur, le créancier peut, à son gré, exiger son paiement ou bien une nouvelle hypothèque. Dans le cas où le fait occasionnant la perte ou la dégradation est étranger au débiteur , celui-ci ne sera privé du bénéfice du terme que s'il n'offre pas une nouvelle hypothèque. Le débiteur a donc le choix dans ce dernier cas.

Si l'immeuble, au lieu d'être détérioré, reçoit des améliorations , elles sont considérées comme des accessoires de la chose principale, et l'hypothèque acquise s'étend alors sur elles comme sur le fonds hypothéqué.

Comme conséquence du principe de publicité , commun à toutes les hypothèques, et de spécialité des hypothèques conventionnelles , la loi veut que la somme pour laquelle l'inscription est prise soit certaine et déterminée par l'acte : si la somme ne peut être fixée exactement, parce qu'elle est conditionnelle ou indéterminée ; dans son *quantùm* , l'inscription ne peut être requise que jusqu'à concurrence d'une valeur estimative. Cette estimation sera expressément déclarée par le créancier , et s'il y a lieu le débiteur a le droit de la faire réduire. Il faut qu'à l'inspection des registres du conservateur des hypothèques on puisse facilement évaluer la position du débiteur et se rendre compte du montant des sommes pour lesquelles ses biens sont grevés.

Les hypothèques n'ont de rang entre les créanciers que du jour de l'inscription prise par le créancier sur les registres du conservateur des hypothèques, dans la forme et de la manière prescrite par la loi. Cette formalité est tellement essentielle à l'hypothèque , qu'elle n'existe qu'autant qu'elle est inscrite. Deux exceptions sont les seules à cette règle. Je veux parler de l'hypothèque légale de la femme mariée sur les biens du mari , et de celle des mineurs interdits sur les biens de leurs tuteurs. Tous les autres créanciers garantis par des hypothèques légales, judiciaires ou conventionnelles non inscrites, ne jouissent pas de droits plus étendus que les créanciers chirographaires.

Malgré que les hypothèques légales de la femme mariée, des mineurs et interdits soient existantes, indépendamment de toute inscription, la loi ne veut pas les soustraire à la publicité générale des autres hypothèques. Les maris, les tuteurs doivent requérir d'eux-mêmes l'inscription.

Ils sont réputés stellionataires au cas où, négligeant cette injonction, ils laisseraient grever leurs biens d'hypothèques sans déclarer qu'elles seront primées par l'hypothèque légale à laquelle ils sont déjà affectés.

A défaut du tuteur négligent, les subrogés-tuteurs sont tenus, sous leur responsabilité personnelle, de veiller à ce que les inscriptions soient prises sans délai, et même de faire faire lesdites inscriptions. A défaut du mari, ses parents ou ceux de sa femme, ses amis même peuvent faire inscrire l'hypothèque légale de la femme. Les parents et amis du mineur ont le même droit. Le mineur, la femme elle-même, peuvent requérir l'inscription ; et pour prendre toutes les mesures qui doivent amener à ce résultat essentiel, la loi confère le même pouvoir au procureur impérial près le tribunal de première instance du domicile des maris et tuteurs, ou du lieu de la situation de leurs biens.

Ces deux hypothèques légales garantissent, au profit des mineurs et interdits, la gestion du tuteur, au profit des femmes mariées, leur dot, les conventions matrimoniales. La date de ces hypothèques remonte au jour de l'acceptation de la tutelle, au jour du mariage. L'hypothèque légale de la femme garantit en outre la restitution des sommes dotales provenant de successions échues ou de donations faites pendant le mariage ; mais sa date remonte seulement à l'ouverture des successions, ou bien au jour que les donations ont eu leur effet. Elle assure aussi le paiement des indemnités, des dettes contractées avec son mari et le remploi de ses propres aliénés, mais sa date ne remonte qu'au jour de l'obligation ou de la vente.

Il est facile de comprendre combien ces deux hypothèques, frappant sur tous les biens du testateur et du mari, gênent leur crédit. Les personnes disposées à contracter avec eux reculent devant cette hypothèque, primant de plein droit toutes celles qu'ils auraient le droit d'exiger. La loi a donc permis avec raison de restreindre, dans plusieurs occasions, à certains immeubles déterminés, l'étendue de cette hypothèque.

Deux parties majeures se marient, et conviennent, par contrat de mariage, qu'il ne sera pris inscription que sur tel ou tels immeubles du mari ; les autres biens non indiqués resteront libres et affranchis de l'hypothèque qui garantit la dot de la femme, ses reprises et les conventions matrimoniales. Mais il est expressément défendu de convenir qu'aucune hypothèque ne frappera les biens du mari. Ce serait, en effet, une véritable renonciation, lors du mariage, à l'hypothèque légale, que la loi considère comme d'ordre public, et qui, dès lors, est proscrite.

Le conseil de famille, réuni pour la nomination d'un tuteur, peut restreindre l'hypothèque légale, la limiter à certains immeubles. Dans ces deux cas, le mari, le tuteur et le subrogé-tuteur ne seront tenus de requérir inscription que sur les biens indiqués. Les tuteurs légitimes semblent être privés de cette faveur, car leur tutelle commence sans aucune intervention du conseil de famille. Mais ils peuvent comme les tuteurs datifs, qui n'ont pas fait restreindre l'hypothèque par l'acte de nomination, et lorsque l'hypothèque générale sur leurs biens excédera notoirement les sûretés suffisantes pour la gestion, ils peuvent, dis-je, demander une restriction à certains immeubles suffisants pour opérer une pleine garantie en faveur du mineur. Les tuteurs datifs ont ce droit lorsque l'hypothèque n'a pas déjà été restreinte par leur acte de nomination, car on doit supposer la réduction justement opérée, et dès-lors il n'y a plus lieu à restriction nouvelle.

Le mari dont le contrat de mariage n'a pas limité à certains biens l'hypothèque légale de sa femme, peut aussi en demander la réduction à certains immeubles, suffisants pour la conservation entière des droits de sa femme. Pour que ces deux restrictions soient accordées, il faut que le tuteur, autorisé par un avis du conseil de famille, poursuive sa demande contradictoirement avec le subrogé-tuteur et le procureur impérial, et que le mari, du consentement de sa femme, et après avoir pris l'avis de ses quatre plus proches parents, poursuive aussi son instance contradictoirement avec le procureur impérial. Le tribunal compétent pour rendre ce jugement sera le tribunal du tuteur ou du mari, car autrement il faudrait autant de jugements qu'il y aurait d'immeubles situés en différents ressorts. Dans le cas où le jugement permettra la restriction de l'hypothèque à certains immeubles, les inscriptions prises sur tous les autres seront rayées.

Les inscriptions se font au bureau du conservateur des hypothèques, dans l'arrondissement duquel sont situés les biens grevés. Plusieurs législations se sont succédé qui ont modifié les délais dans lesquels on pouvait valablement s'inscrire.

La loi du 11 brumaire an VII décidait que l'inscription pouvait être valablement prise sur un immeuble, après l'aliénation jusqu'à la transcription de l'acte de l'aliénation. —Le Code Napoléon limitait le délai au moment de l'aliénation. — Le Code de Procédure, dans son article 834, permit de s'inscrire pendant les quinze jours qui suivent la transcription de l'acte. — Enfin, une dernière loi qui nous régit, la loi du 23 mars 1855, a déclaré, comme la loi de brumaire, qu'aucune inscription ne pourrait être valablement prise après la transcription de l'acte d'aliénation. Une exception a été introduite en faveur du vendeur et du co-partageant, qui peuvent utilement s'inscrire dans les quarante-cinq jours de l'acte de vente ou de partage, nonobstant toute transcription opérée dans ce délai. Cette loi de 1855 est venue déterminer le moment fixe auquel la propriété d'un immeuble aliéné, passe à l'égard des tiers entre les mains de l'acquéreur. La translation de la propriété s'opère entre les contractants par le seul consentement, mais elle n'existe à l'égard des tiers que par la transcription de l'acte d'aliénation. Ce moyen est en effet le plus sûr pour rendre public le contrat et avertir les tiers que l'immeuble est sorti des mains du propriétaire, et qu'il ne peut plus par conséquent consentir d'hypothèques sur ce bien dont il a perdu la propriété. Cette publicité détruit un abus fréquent par lequel, au moyen d'aliénations clandestines, un débiteur de mauvaise foi enlevait au créancier qui, par ménagement, n'avait pas pris inscription, le gage de sa créance. Toute inscription prise en dehors des délais indiqués, sera donc nulle et sans effet. Elle pourrait encore être nulle si elle était prise dans les dix jours qui précèdent la faillite du débiteur. (Art. 448 du Cod de Com.). Elle l'est certainement entre les créanciers d'une succession, si l'inscription n'a été faite par l'un d'eux que depuis l'ouverture de la succession, et dans le cas où la succession n'est acceptée que sous bénéfice d'inventaire. La raison de cette disposition est dans le cas de faillite ; s'il s'est écoulé plus de quinze jours entre la date de l'acte constitutif d'hypothèque et celle de l'inscription, la raison en est fondée sur la présomption qu'il y a entente du créancier et du débiteur, pour retarder cette prise d'inscription, afin de ne pas compromettre le crédit du failli. La loi n'a pas voulu que, grâce à cette supercherie, le débiteur pût tromper d'autres créanciers et donner ensuite à son complice la faculté de rendre sa créance privilégiée au moyen d'une inscription prise quelques jours avant la cessation de ses paiements. Néanmoins si les hypothèques étaient valablement acquises, elles pourront être inscrites jusqu'au jour de la cessation des paiements. Telle est la théorie de la loi modifiée en 1838. Dans le cas d'inscription prise sur les biens d'une succession acceptée sous bénéfice d'inventaire, la raison qui en ordonne la nullité, est qu'une succession acceptée de cette manière est présumée grevée de charges excédant l'actif, et qu'alors on doit faire égaux les droits de chaque créancier. Cependant les mineurs étant toujours obligés d'accepter, par leurs tuteurs, sous bénéfice d'inventaire, que la succession soit bonne ou mauvaise. (Art. 461), il semble que la règle ne devrait pas toujours être applicable dans ce cas; mais la loi ne distingue pas. Il est de jurisprudence que l'article doit s'étendre aux successions vacantes.

Tous les créanciers inscrits le même jour viennent en concurrence, sans distinction entre l'inscription du matin et celle du soir, quand cette différence serait marquée par le conservateur. Il eût en effet été trop facile à celui-ci de donner l'antériorité à son gré, il fallait dès lors prévenir toute collusion entre lui et les créanciers.

Pour que le conservateur puisse inscrire une hypothèque, le créancier doit présenter l'original en brevet ou une expédition authentique du jugement ou de l'acte constitutif d'hypothèque. Il y joint deux bordereaux écrits sur papier timbré qui contiennent la désignation exacte par ses noms, prénoms, domicile ou profession du créancier, et l'élection d'un domicile dans l'arrondissement du bureau, la désignation également exacte du débiteur, la date et la nature du titre, le montant du capital de la créance exprimée ou évaluée, le montant des accessoires de ces

capitaux , l'époque de son exigibilité , l'indication de l'espèce et de la
situation des biens grevés. Le conservateur fait mention sur son registre
du contenu des bordereaux et remet au requérant , tant le titre ou l'expédition du titre , que l'un des bordereaux au pied duquel il certifie
avoir fait l'inscription. Si la créance est productive d'intérêts ou arrérages , le créancier n'a droit à garantir par son hypothèque , que deux
années d'intérêts et d'arrérages et l'année courante. Ainsi donc , s'il veut
en assurer le remboursement au même rang que celui de la créance entière , il doit tous les trois ans prendre des inscriptions particulières. La
loi a voulu qu'on puisse par ce moyen savoir. au juste le montant exact
d'une créance qui pourrait se trouver rapidement augmentée, sans en lais-
ser aucune trace et tromper ainsi sur le véritable état de fortune du débiteur.

Les inscriptions à faire sur les biens d'une personne décédée pourront être faites sous la désignation du défunt , car on ne peut exiger
que les intéressés connaissent tous les héritiers du débiteur.

Le domicile élu sur l'inscription peut être changé contre un autre ,
dans le même arrondissement , par celui qui a requis l'inscription , ainsi
que par ses représentants , ou cessionnaires , *munis d'un acte authentique* , afin que le conservateur ne puisse être trompé facilement au moyen
de cession sous seing privé.

La seule différence qui existe entre les inscriptions d'hypothèques
conventionnelles , ou légales et judiciaires restreintes, et l'inscription
d'hypothèques *purement* légales , c'est qu'on n'est pas tenu d'évaluer les
objets conditionnels , éventuels ou indéterminés , non plus que d'indiquer l'espèce et la situation des biens , puisque la généralité des biens
du débiteur se trouve grevée.

Les inscriptions conservent l'hypothèque pendant dix ans à compter
du jour de leur date , elles doivent être renouvelées avant l'expiration
du délai, sous peine de voir leur effet anéanti. Si l'on eût prolongé la
durée de l'inscription indéfiniment , il serait devenu impossible au conservateur de se retrouver dans une foule de registres qu'il aurait fallu

3

conserver , toutes les fois qu'on lui aurait demandé un certificat d'inscription.

L'hypothèque accessoire de la créance s'éteint avec elle; il faut donc
pour consentir la radiation de l'inscription , avoir capacité pour consentir l'extinction de l'obligation. La femme mariée , le mineur ne le
peuvent pas. Le mari et la femme mariée sous le régime dotal , ne pou-
vant aliéner la dot, n'ont pas capacité pour consentir la radiation de
l'inscription sur laquelle repose la garantie de la dot. Il faut donc pour
faire rayer une inscription , le consentement des parties intéressées et
capables , ou bien un jugement en dernier ressort et passé en force de
chose jugée. Le conservateur ne peut et ne doit accorder la radiation
que sur la présentation de l'expédition de l'acte authentique portant
consentement ou de celle du jugement.

Le tribunal compétent pour autoriser la radiation non consentie est celui
dans le ressort duquel l'inscription a été faite , ou bien celui qui aurait
été désigné par une convention faite entre le créancier et le débiteur.
Si la dette est éteinte ou bien prescrite, si le titre était irrégulier , par
exemple dans le cas d'un acte passé devant un notaire incapable, la
radiation doit être ordonnée par les juges, de même lorsqu'elle a été faite
sans être fondée ni sur la loi ni sur aucun titre.

Il peut se faire qu'au lieu de demander la radiation , le débiteur demande seulement la réduction d'une inscription qu'il croit excessive.
Ainsi lorsque plusieurs domaines sont grevés par une seule inscription
et que la valeur d'un seul ou de quelques-uns d'entre eux excède de plus
d'un tiers , en fonds libres , le montant des créances en capital et accessoires légaux. Dans le cas aussi où une inscription garantit une créance
conditionnelle ou indéterminée dans son *quantum* et dont l'évaluation
faite par le créancier , ne résulte pas d'une convention entre les contractants.

Les juges alors décident s'il y a excès , en se fondant sur les probabi-
lités, de manière à concilier les droits vraisemblables du créancier avec
l'intérêt du crédit raisonnable à conserver au débiteur, sans préjudice des
nouvelles inscriptions à prendre avec hypothèque du jour de leur date ;

lorsque l'événement aura porté les créances indéterminées à une somme plus forte.

La loi donne un moyen de déterminer la valeur des immeubles, comparativement à celle des créances et le tiers en sus. Pour faire ce calcul on multiplie par quinze la valeur du revenu déclaré par la matrice du rôle de la contribution foncière, ou indiqué par la cote de contribution sur le rôle, selon la proportion qui existe dans les communes de la situation entre cette cote ou cette matrice et le revenu, et cela pour les immeubles non sujets à dépérissement. On multipliera seulement par dix lorsqu'il s'agira d'immeubles sujets au contraire à dépérissement. Les juges, en outre, peuvent s'aider de baux non suspects, de procès-verbaux d'estimation, dressés à des époques rapprochées, et d'autres actes semblables, et évaluer le revenu, en prenant le taux moyen entre les résultats de ces divers renseignements.

Nous devons, en terminant, remarquer que l'action en réduction n'appartient pas au débiteur d'une créance garantie par hypothèque conventionnelle, le créancier ayant positivement exigé les sûretés qui pourraient excéder la valeur des créances, la convention doit faire la loi des parties.

POSITIONS.

I. L'hypothèque est-elle un démembrement du droit de propriété? — Non.

II. Les meubles ont-ils suite par hypothèque ? — Non.

III. L'hypothèque peut-elle être consentie, sur les biens à venir, au cas où le débiteur ne possède pas des biens présents ? — Oui.

Droit Commercial.

Principes généraux des sociétés.

Les sociétés commerciales se forment par le consentement de tous les associés. Ce contrat est donc consensuel, il est à la fois à titre onéreux et synallagmatique. Plusieurs conditions sont nécessaires à son existence.

Chacun des contractants doit faire un apport, soit en argent, immeubles ou industrie. Il doit prendre part aux bénéfices en vue desquels l'association s'est constituée. Cette part pourra être proportionnelle à l'apport ou bien différemment réglée dans l'acte de société. Un intérêt commun doit lier chaque contractant, et l'exciter à concourir à une réalisation de bénéfices partageables. La loi ne permet pas qu'un seul des associés puisse absorber pour sa part le gain entier. L'exploitation du fonds commun doit avoir un objet licite.

La société ainsi formée agira dès-lors comme une personne morale. L'article 529 Code Napoléon tranche la question en faveur de cette opinion. Le droit de chacun des associés sur le fonds commun, pendant la durée de la société est un droit mobilier. Les immeubles qui peuvent y être compris , n'appartiennent donc pas en partie à chacun des associés , mais bien à l'être moral , *société*. Les créanciers de la société doivent donc considérer le fonds *commun* comme leur gage spécial, par préférence aux créanciers personnels de chaque associé.

Plusieurs différences distinguent les sociétés commerciales des sociétés civiles. Certaines formes spéciales de publicité sont nécessaires à l'établissement des sociétés commerciales. Les contestations et difficultés entre associés sont soumises pour leur jugement à la compétence exclusive des tribunaux de commerce (L'arbitrage forcé qui décidait autrefois , a été supprimé).

La liquidation , en cas d'insolvabilité , se fait d'après les règles de la faillite. La preuve de l'existence d'une société commerciale ne peut être faite que par écrit, quelle que soit la valeur du fonds exploité. La commercialité d'une société qui doit être déclarée dans le contrat , lors de sa formation , se reconnaît aussi à la commercialité de ses actes.

Le société commence à l'instant où le contrat est formé , à moins qu'elle ne soit faite à terme , ou sous condition. Dès qu'elle existe, chaque associé devient débiteur de son apport; les intérêts des sommes promises courent de plein droit, et un retard peut même amener une condamnation à des dommages et intérêts.

La question des risques est variable selon la nature des apports. S'agit-il d'un corps certain, venant à périr sans la faute de l'associé , il périt pour la société.

L'obligation consistait-elle en une quantité , la perte ne libère pas le débiteur qui, d'ailleurs, est garant de l'éviction comme le vendeur.

L'associé dont l'apport consiste en une industrie n'est complétement libéré qu'à la dissolution , et doit compte , pendant toute la durée de l'association, de tous les gains qui en proviennent.

Des obligations réciproques de la société envers les associés naissent aussi au moment de la formation du contrat. Si l'un d'eux, dans l'intérêt de tous, fait des dépenses , contracte de bonne foi , se soumet aux risques inséparables de la gestion , il existe pour lui une action contre la société en raison de ces divers actes.

En général , par l'acte constitutif, se déterminent les parts dans les bénéfices ; mais si rien n'a été fixé, la loi attribue à chaque membre de l'association une part dans le gain, proportionnelle à son apport. Dans ce cas , la part de l'associé n'ayant mis , dans le fonds commun , que son industrie sera égale à la part du moins prenant.

La clause affranchissant de toute contribution aux pertes les sommes et effets constituant l'apport d'un associé , est défendue par la loi , qui semble permettre par là la clause qui dispenserait de toute contribution aux pertes l'associé qui n'apporte que son industrie.

Trois espèces de sociétés ont leurs règles clairement établies, ce sont : la société en nom collectif, la société en commandite et la société anonyme.

Il existe en-dehors de cette division une association commerciale désignée sous le nom d'association en participation dont les caractères ne sont pas aussi complétement définis.

Dans la société en nom collectif , tous les associés sont connus et solidairement responsables envers les tiers. Les créanciers ont une action solidaire contre eux. Il faut , pour que ce lien de solidarité existe , que les engagements aient été contractés par ceux qui en ont le droit et au nom de la société. Or, ce nom de la société, est ce qu'on appelle la *Raison sociale*. C'est la dénomination de sa personne juridique, de l'être moral existant dans toute société commerciale.

L'administration est habituellement confiée à des gérants; au cas contraire , tous les associés sont capables d'obliger la société.

Les gérants sont nommés par l'acte de société , ils sont alors révocables pour cause légitime ; ou bien postérieurement au contrat, et leur mandat est alors essentiellement révocable. Le pouvoir d'administration des gérants est exclusivement restreint aux actes de commerce qu'ils font de leur autorité propre , mais ils ne pourraient faire des innovations aux immeubles du fonds commun sans le consentement de tous.

La société en commandite, au contraire de la société en nom collectif, ne révèle au public que le nom d'un ou plusieurs associés, qui sont responsables. S'il y a seulement deux associés, l'un commanditaire inconnu, et l'autre commandité dont le nom est livré au public, et qui seul est responsable, la société est une société en commandite pure. Si le nombre, au contraire, des associés est plus grand, si les uns sont commanditaires et que les autres soient commandités, il se forme alors une société mixte en nom collectif et en commandite. Les actes de la société sont faits au nom d'une raison sociale, comme dans la société en nom collectif. Le caractère général de la société en commandite est la responsabilité qui incombe aux associés seuls commandités, qui sont connus, tandis que les commanditaires ne sont tenus que jusqu'à concurrence de leur apport. Les commanditaires ne doivent, en aucune manière, s'immiscer aux actes de la gestion ; ils ne peuvent pas même agir, en vertu d'une procuration, au nom des gérants. Tout fait d'immixtion aux affaires aurait pour résultat immédiat de les rendre responsables, comme les gérants eux-mêmes, pour toutes dettes ou engagements, et de les obliger solidairement. Cette sanction peut être invoquée par tous les créanciers.

La gérance d'une société en commandite c'est l'administration qui peut être confiée à un seul ou à plusieurs. Pour sauvegarder les intérêts des commanditaires, si sévèrement exclus de la gestion, il existe des assemblées générales des actionnaires, un comité de surveillance et un conseil judiciaire. Dans les assemblées, les gérants exposent l'état des affaires et rendent leurs comptes.

Le comité de surveillance prend lui aussi connaissance de l'état des affaires et veille à l'exacte exécution des conventions sociales. Le conseil judiciaire se compose de jurisconsultes appelés à donner leur avis sur les difficultés contentieuses qui peuvent s'élever. La division en actions du capital social est autorisée par le Code.

Une nouvelle loi de 1856 a modifié l'organisation des sociétés en commandite. Je me contente de l'indiquer, ce travail se bornant à l'exposé des principes généraux. Elle prohibe le fractionnement des actions au dessous d'un chiffre par elle fixé. Elle en interdit la circulation avant qu'une certaine portion de la somme promise n'ait été versée ; elle sou-

met les conseils d'administration à une responsabilité à laquelle ils n'é-
taient pas soumis jusque-là.

Dans le cas où la société cesserait ses paiements, les créanciers ont
action contre les associés pour l'entier versement des sommes par eux
promises. Ils ont même une action directe pour les contraindre au paiement
de leur mise. Les commanditaires sont en effet des associés tenus jusqu'à
concurrence de leurs apports. Les gérants avec lesquels les créanciers ont
contracté, ne sont que leurs mandataires, on peut donc agir directement
contre eux, puisque le mandataire oblige directement son mandant.
Quoique les commanditaires ne soient point commerçants, je crois que
la contrainte par corps leur est applicable jusqu'à l'entier acquittement.
Il est toutefois bien entendu que les bénéfices réalisés dans des années
heureuses ne doivent pas être rapportés, il ne s'agit que de l'apport
simple.

La société anonyme doit être autorisée par un décret du chef de l'Etat,
Ici pas de nom d'associé connu, pas de raison sociale par conséquent. La
société se constitue en général sous le nom qui désigne l'objet de l'exploitation. Aucun des associés n'est engagé au-delà de sa mise, qu'on
peut le contraindre à verser par les mêmes moyens que dans la société
en commandite.

L'administration de cette société est confiée à des mandataires associés
ou étrangers à la société, essentiellement révocables. Leur mandat peut
être temporaire, gratuit ou salarié. Ils sont en général entourés d'un
conseil d'administration, de censeurs, d'un conseil judiciaire, de commis-
saires du gouvernement. Les actionnaires se réunissent aussi en assem-
blée générale.

Le capital social est divisé en actions, soit nominatives, soit au por-
teur, qui constituent un droit éventuel, à la dissolution de la société et
non une co-propriété dans le fonds commun appartenant exclusivement
à la personne juridique *société*, tant que dure l'association. Lorsqu'un
actionnaire debiteur d'une partie de sa mise cède son droit à un tiers,

il peut être poursuivi par la société , pour le paiement du surplus qui reste dû , car sa qualité d'associé survit à la cession.

La liquidation et le partage d'après la constatation du droit de chacun, suivent la dissolution des sociétés. Voici les causes qui amènent cette dissolution : l'expiration du terme ; la mort , la faillite ou l'interdiction d'un associé , le mutuel consentement , l'extinction de la chose , la consommation de la négociation , la volonté d'un ou plusieurs , lorsque la durée était illimitée.

La preuve de l'existence des sociétés ne se fait que par écrit et même la société anonyme ne peut être prouvée que par un acte authentique. Pour les sociétés en nom collectif et en commandite , un acte sous-seing privé est une preuve suffisante, pourvu toutefois qu'on se soit conformé à la règle établie au sujet des doubles de cet acte. L'extrait des actes constitutifs de ces deux sociétés est remis , dans la quinzaine de la date , au greffe du tribunal de commerce de l'arrondissement. La transcription en est opérée sur un registre spécial et la copie en demeure affichée pendant trois mois et insérée dans un journal.

Un exemplaire , certifié par l'imprimeur et légalisé par le maire, est ensuite enregistré dans les trois mois de la date.

J'arrive à l'association en participation , dont le principal caractère est aussi d'être un contrat consensuel. Elle n'est point soumise pour exister légalement à toutes les formalités d'actes et d'écritures prescrites pour les sociétés dont je viens de m'occuper. Tous les modes de preuve admis en matière commerciale peuvent être invoqués pour constater son existence.

Il y a controverse sur le point de savoir si l'association en participation est une société ayant pour objet une entreprise commerciale ou quelques entreprises commerciales déterminées, ou bien si au contraire elle ne se distingue des autres que par la différence résultant de ce qu'elle porte le nom d'un des associés seulement et non celui de tous ou de plusieurs (raison sociale). Ce dernier système est plus généralement adopté que le premier. Il est du reste bien plus avantageux au point de vue du progrès industriel, puisqu'il encourage les entreprises et les mul-

4

tiplie en donnant plus de latitude et d'indépendance à ceux qui les dirigent.

Les participants (associés en participation) ne sont obligés solidairement comme les associés en nom collectif que s'ils ont concouru aux engagements et non s'ils n'ont pas personnellement traité avec les tiers qui ne peuvent poursuivre que le coassocié auquel ils ont eu affaire. Tels sont les principaux caractères de l'association en participation; j'ajoute, toutefois, que les mises de chaque associé peuvent être différentes de valeur et de nature diverse. De même il peut être stipulé que les intérêts de chacun ne seront pas les mêmes, et qu'ils ne s'obligent que jusqu'à concurrence de telle somme.

POSITION.

Les sociétés commerciales sont-elles des personnes juridiques ? — Oui.

Droit Administratif.

Compétence au sujet des chemins vicinaux.

La répression des contraventions et délits, de quelque autorité qu'émane la prohibition ou l'injonction à faire respecter, n'appartient qu'aux tribunaux criminels ; ils sont juges en cette matière et leur juridiction ne cesse qu'en présence d'un texte qui lui impose une dérogation expresse et formelle.

La loi du 28 septembre — 6 octobre 1791 disposait que les cultivateurs ou tous autres qui auraient *dégradé* ou *détérioré* de quelque manière que ce fût des chemins publics ou bien *usurpé* sur leur largeur, seraient condamnés à la réparation ou à la restitution et à une amende de 3 à 24 livres.

Cet article prévoyait trois genres de faits : *dégradations, détériorations, usurpations*, et en attribuait la connaissance au tribunal correctionnel. Pour les autres faits étrangers à ces trois classes, tels que : les embarras, encombrements, dépôts de matériaux sur la voie publique, ils ne tombaient point sous l'application de l'article que je viens de citer. Ils étaient de la compétence du juge de simple police.

Une loi du 9 ventôse de l'an XIII enjoignait à l'administration publique de faire rechercher et reconnaître les limites anciennes des chemins vicinaux et de fixer , d'après cette reconnaissance , leur largeur , disait ensuite : A l'avenir nul ne pourra planter sur le bord des chemins vicinaux , même dans sa propriété , sans leur conserver la largeur qui leur aura été fixée.

Les poursuites en contravention aux dispositions de la présente loi seront portées devant le conseil de préfecture , sauf le recours au Conseil d'Etat.

Le Code Pénal de 1810 avait laissé subsister cette attribution , mais lors de la révision de ce Code en 1832 , il fut ajouté à l'art. 479 , qui énumère les contraventions punies d'amendes de 11 à 15 fr., un paragraphe ainsi conçu :

Ceux qui auront *dégradé* ou *détérioré* de quelque manière que ce soit les chemins publics ou *usurpé* sur leur largeur. C'est la reproduction de notre article de la loi du 28 septembre, 6 octobre 1791, sans faire mention de la modification apportée par la loi du 9 ventôse an XIII. De là la question de savoir si le législateur n'a pas abrogé cette loi pour restituer à la compétence générale les contraventions sur les chemins vicinaux.

La Cour de Cassation a adopté l'affirmative en faveur de l'abrogation de la loi de ventôse an XIII. Elle décide que l'art. 479 du Code Pénal est général et n'excepte pas les chemins vicinaux de la compétence ordinaire des chemins publics. (Arrêt du 2 mars 1837, et plus récemment arrêt du 10 septembre 1840).

De ce principe admis il résulte que les *usurpations* commises sur les chemins vicinaux , de quelque œuvre qu'elles proviennent, sont , aussi bien que les *détériorations* ou *dégradations*, régies par l'art. 479 no 11, du Code Pénal , que les tribunaux de simple police doivent seuls en connaître et les réprimer ; que ces tribunaux connaissent également des encombrements et dépôts de matériaux sur la voie publique , et en général des contraventions aux règlements légalement faits par l'autorité administrative. Les entreprises sur les chemins vicinaux , quelle que soit leur nature, n'admettent qu'un même mode de poursuites et ne se dis-

tinguent que par la quotité de l'amende qui les punit; par conséquent le juge, pour les unes comme pour les autres , doit, en même
temps qu'il prononce l'amende, ordonner le rétablissement des lieux dans
le même état.

Le Conseil d'Etat s'est constamment refusé à adopter la doctrine
de la Cour de Cassation, et persiste dans son opposition (ordonnance du
23 juillet 1838, ordonnance du 2 septembre 1840). Il reconnaît deux
actions bien distinctes : 1o l'action administrative, consistant à reconnaître l'empiétement, à ordonner le rétablissement du chemin dans sa largeur et ses limites, et assurer ainsi la viabilité, 2o l'action correction-
nelle consistant à réprimer le fait punissable de la dégradation, de l'en-
combrement, de l'usurpation.

Le conseil de préfecture est toujours le tribunal compétent de cette
première action , tandis que le juge du droit commun est demeuré in-
vesti de la mission de punir la contravention , en procurant, par l'application de l'amende, la réparation pénale due à la société toutes les fois
que l'ordre est troublé.

C'est ainsi qu'on doit entendre l'art. 479 Code Pénal , se combinant
avec la loi de ventôse an XIII, pour réserver à chaque autorité les pou-
voirs qui lui appartiennent.

La dissidence est certaine. On a donc le choix soit de saisir le conseil
de préfecture, sauf à renoncer à l'application de l'amende , ou à la poursuivre par une action particulière , soit le juge de police pour qu'il
statue sur l'un et l'autre objet à la fois.

Mais, d'un autre côté, si la preuve du fait de *vicinalité* qui est indispen-
sable , pour que le conseil de préfecture puisse se déclarer compétent,
si cette preuve devait souffrir quelque difficulté , l'action serait plus
sagement portée devant le juge de police , pour lequel il n'est pas besoin
de distinguer entre les chemins vicinaux et les chemins communaux. Le
juge, en effet, applique l'art. 479 Code Pénal aux uns et aux autres (ar-
rêts de la Cour de Cassation — 2 mars et 17 mars 1837).

Pour décider la question de *vicinalité* , le conseil de Préfecture , juge
ordinaire du contentieux, consulte l'état de classement et tous autres

actes et documents , pour en induire la preuve que le chemin a été élevé au rang des chemins vicinaux.

A défaut de cette preuve , il doit s'abstenir, il ne peut se décider par des considérations dont l'appréciation est réservée à l'administration, Le préfet seul a le droit de reconnaître et de déclarer d'après leur importance , la vicinalité des chemins. L'affaire pourrait être reprise au cas où l'on rapporterait au conseil de préfecture une déclaration émanant du préfet.

D'après la loi de ventôse an XIII , les conseils de préfecture ne jugent que les contraventions aux dispositions qu'elle renferme. Or , ces dispositions ne sont relatives qu'aux plantations des chemins vicinaux ; elles défendent notamment de planter sur les chemins vicinaux , sans leur conserver la largeur fixée. On pourrait donc conclure à la rigueur que la compétence des conseils de préfecture ne va pas au-delà des anticipations resultant des plantations.

Cependant la jurisprudence a repoussé une interptétation aussi littérale. Elle s'est prévalue des plus puissantes raisons d'analogie pour exclure la distinction entre les divers modes d'usurpation. Elle décide constamment que toutes les fois qu'il·y a empiétement, le conseil de préfecture est et doit se déclarer compétent.

Cette Thèse sera soutenue , en séance publique , dans une des salles de la Faculté , le 20 Janvier 1859.

Vu par le Président de la Thèse ,

LAURENS.

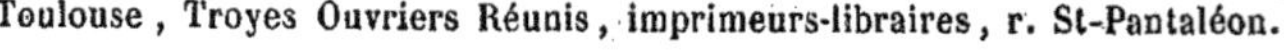

Toulouse , Troyes Ouvriers Réunis , imprimeurs-libraires , r. St-Pantaléon.

www.ingramcontent.com/pod-product-compliance
Ingram Content Group UK Ltd.
Pitfield, Milton Keynes, MK11 3LW, UK
UKHW022232070726
13613UKWH00004B/1896